25.327

MEMOIRE,

POUR le Sieur PÉAN, Ecuyer, Seigneur de Livaudiere, ancien Commissaire de la Marine au Port de Brest, Demandeur en cassation d'un Arrêt du Parlement de Bretagne, du 13 Mars 1761.

IL est sans doute peu d'exemples de demandes pareilles à celles qui ont été formées contre le sieur Péan ; mais on n'avoit peut-être pas encore vu de Jugement qui eût adopté avec autant de facilité, des demandes aussi contraires à la Justice & à toutes les Loix, que l'Arrêt contre lequel il a été obligé de réclamer la Justice suprême du Conseil.

Chacune des dispositions de cet Arrêt, renferme plusieurs contraventions directes aux Ordonnances; & il n'en est pas une, qui, prise à part, ne blesse également les regles immuables de la Justice : ensorte qu'il devoit être réformé, comme contraire à ces regles, dans une matiere de commerce, où la violation des usages reçus est d'une conséquence dangereuse, quand même il n'auroit pas accumulé toutes les contraventions qui s'élevent contre lui.

Le simple Exposé des faits fera connoître que le Sr Péan n'avance rien qu'il ne soit en état de justifier.

F A I T.

Le sieur Péan, originaire des Colonies Françoises, où il avoit tout son bien, avoit résolu de le transporter en France par la voie du commerce.

Il avoit déja acheté & armé deux Navires, sous le nom du sieur Bourdor, Négociant à Brest, *son Commissionnaire*, qui lui en passoit déclaration, lorsqu'il fit, au mois de Mai 1760, toujours sous le même nom, l'acquisition d'un troisiéme Navire, nommé *l'Union*, de Brest.

C'est l'armement de ce dernier Navire, ou plutôt les suites qu'il a eues, qui ont donné lieu à ces contestations, dont le récit doit paroître incroyable.

Il étoit prêt à mettre à la voile, sous le commandement du sieur Pizivin & du sieur Gaultier, qui quoiqu'il parut n'avoir que le second rang, étoit le véritable Commandant.

Une premiere faute de ces deux Capitaines, a été

de s'arrêter à Camaret, pour y prendre différentes marchandises pour leur compte, ce qui les a empêché de partir de compagnie avec la Goélette *l'Aigle*, qui a fait le voyage & le retour le plus heureux.

Quelque tems après, ils voulurent tenter le passage ; il n'étoit plus tems. Les ennemis, qui bloquoient le Port de Brest, étoient répandus sur la Côte, & interceptoient tout ce qui se présentoit.

Ils parvinrent cependant à s'engager dans le Canal du Conquet ; mais à peine eurent-ils doublé la Pointe de S. Matthieu, qu'ils furent joints par une Frégate Angloise qui leur tira des Coups de canon de chasse.

Après avoir tenté inutilement de se mettre à couvert, sous les Forts de Camaret, ils ne trouverent d'autre parti que de courir à terre & de couper tous les mats, pour *s'échouer* dans l'Anse de Beuzec.

C'étoit le 14 Avril au soir ; au lieu de rester *à bord du Navire*, ainsi que l'Ordonnance & leur devoir les y obligeoient ; les deux Capitaines ne songerent qu'à se rendre à terre, *avec tout ce qu'ils purent emporter d'effets à eux appartenans*.

Leur exemple entraîna le reste de l'Equipage, à l'exception *de deux Officiers Mariniers*, qui eurent la fermeté d'y résister. En sorte que si l'Ennemi eût pû avoir connoissance de cet abandon, & qu'il eût seulement envoyé une Chaloupe armée, il se seroit emparé facilement du Navire, ou il l'auroit brûlé.

Le 17 au matin, le troisiéme jour après cet événement, il étoit encore au même état. Les Pilotes Cottiers de Douarnenez, qui le croyoient *abandonné*, & qui étoient allés à sa rencontre, *en firent leur déclaration au Greffe de l'Amirauté* (*a*)

Alors Pizivin & Gaultier, qui commençoient à craindre les suites de leur délit, firent aussi *le lendemain* leur déclaration ; & ils retournerent ensuite à bord, où avec l'aide de quelques Mariniers qui étoient venus à leur secours, ils parvinrent à remettre le Navire à flot.

On fit venir des Charpentiers & des Calfats ; mais ces travaux auxquels les deux Capitaines devoient borner tous leurs soins, ne leur servirent que de prétexte pour commettre de nouveaux excès.

Pendant tout le tems qu'ils ont duré, il est difficile de se persuader à quel point ils ont porté la déprédation des vivres & des boissons du Navire ; ils n'ont pas plus épargné *les vins de la cargaison*; Enfin, cela alloit jusqu'à tenir une espèce de table ouverte, où l'on recevoit le premier venu (*b*).

Mais ce qui est plus étonnant, c'est que Bourdon, lui-même, ce Commissionnaire du sieur Péan, les excitoit à ce désordre, & leur enseignoit le moyen de le couvrir (*c*).

(*a*) Cette Piéce est produite.
(*b*) Tous ces faits ont été articulés & mis en fait par le sieur Péan, qui en a offert la preuve.
(*c*) On en a la preuve dans une Lettre de ce Particulier, qui est produite.

Tous ces faits vinrent à la fois à la connoissance du sieur Péan. L'indignation qu'ils lui causoient, ne lui laissa que le loisir de songer à y apporter le plus prompt remede.

Le Navire, après avoir été réparé, avoit été ramené dans le Port de Brest; les Anglois occupoient toujours la Côte; la saison étoit avancée. Il commença par donner ordre à Bourdon, de désarmer & de congédier l'Equipage.

Tout cela fut exécuté le 11 Août suivant. Tant les Officiers que les Matelots, reçurent leurs gages & loyers, *sans aucune protestation*: l'acte de désarmement fut dressé en présence du Commissaire Général Ordonnateur, & des autres Commissaires de la Marine, qui le signerent, *ainsi que Pizivin*.

Personne n'ignoroit que toutes ces opérations se faisoient par les ordres & de la part du sieur Péan, tellement que ce fut lui qui paya de ses deniers, les 6 den. des Invalides de la Marine. La quittance en est au dos du Procès-verbal de désarmement. Tout paroissoit donc pleinement consommé à cet égard.

Ensuite le sieur Péan songea à révoquer son Commissionnaire infidele; le 11 Septembre il passa une nouvelle procuration en faveur du sieur Brisson, Négociant à Brest, qui la fit signifier avec un acte de révocation au premier.

Le sieur Brisson, après s'être ainsi annoncé, se fit remettre par les sieurs Pizivin & Gaultier, *les clefs du Navire*, & il les somma *de retirer les hardes &*

effets à eux appartenans ; fommation qui a été depuis répétée en préfence de deux Notaires, le 24 Septembre, & fuivie *du dépôt de ces effets au Greffe de l'Amirauté*, où ils font encore.

D'un autre côté, il fit également fommer le 17 Septembre, par les deux Notaires, Bourdon de rendre fes comptes & de remettre fes regiftres ; & à fon refus, il l'a fait affigner depuis (*a*). Il n'eft pas inutile d'obferver, que lors du Procès-verbal qui fut dreffé en conféquence, Bourdon avoit pour Procureur, Pichon, qui a été cinq jours après celui de Pizivin & Gaultier, dans la demande dont on va rendre compte. Et ce même Procureur étoit intéreffé dans les effets chargés par les deux Capitaines.

Jufques-là, ni l'Equipage *de l'Union*, ni Bourdon, n'avoient eu aucun fcrupule fur la validité d'un congé accepté fans réferve, *& couvert par un laps de plus d'un mois*.

La deftitution de celui-ci, fit naître ces fcrupules, qu'ils auroient dû avoir dans le tems utile, pour les faire valoir, s'ils euffent été fondés. Elle le portoit à la vengeance ; l'embarras de rendre fes comptes (*b*), lui fuggéra les moyens de traverfer le

(*a*) Par Sentence du 8 Avril 1761, Bourdon a été déclaré reliquataire envers le fieur Péan, d'une fomme de 87145 liv. 8 f. 8 den. & depuis il a fait une banqueroute, à la fuite de laquelle il s'eft évadé.

(*b*) Dans une lettre du 15 Septembre, jour du procès verbal dont on vient de parler, Bourdon demandoit grace au fieur Péan, *pour ces comptes*. Le jufte refus de celui-ci a fait éclater 5 jours après le complot entre fes adverfaires.

fieur Péan, & de lui fufciter affez d'affaires, pour qu'il ne pût fonger à la pourfuivre.

Le 22 Septembre, *fix femaines après le congé*, il s'eft fait donner, *en qualité d'Armateur du Navire l'Union*, par Pizivin & Gaultier, une affignation à fin *de dédommagement* de ce même congé, *donné par les ordres du fieur Péan*.

Il eft néceffaire de rapporter tous les chefs de conclufions, portés par cet Exploit d'affignation.

Elles tendoient à ce que Bourdon fût condamné, 1°. à payer à Pizivin une fomme de 5121. liv. pour *les profits ceffans* fur les marchandifes par lui chargées dans le Navire, & qu'il faifoit monter à 2288 liv. feulement; & en outre à la reftitution, defdites marchandifes, ou au paiement de cette derniere fomme; comme auffi en celle de 6000 liv. *pour lui tenir lieu* des trois tonneaux de port à lui accordés; & 1200 liv. *pour lui tenir lieu de huit mois de loyer*, à compter du 10 Août précédent; *le tout en nature de profits ceffans*, avec intérêts.

2°. A payer pareillement à Gaultier une fomme de 44144 livres, *pour profits ceffans*, fur les marchandifes par lui chargés, montant, fuivant lui, à 19316 livres; à rendre lefd. marchandifes, ou à en payer lad. valeur; en outre 8000 livres *pour le profit que lui auroient rapporté* quatre tonneaux de port permis, 2500 livres pour commiffion fur la vente & recouvrement de la Cargaifon; & 1600 livres *pour les huit mois d'appointemens; le tout en nature de profits ceffans, & avec intérêts*: & enfin une somme de 380 livres *pour le contenu en un billet de Bourdon.*

3°. Pizivin & Gaultier demandoient en commun une somme de 20000 livres, POUR LES DÉDOMMA-GER DES PARTS DE PRISES, (qu'ils auroient faites sur l'Ennemi) & celle de 60000 livres pour dommages & intérêts *résultans de leur destitution :* le tout néanmoins, *si mieux on n'aimoit à dire d'Experts,* avec intérêts : & enfin qu'il leur fût rendu & restitué *tous les effets qui leur appartenoient dans le Navire.*

Le 24 du même mois de Septembre, Bourdon a fait dénoncer cette demande au sieur Péan, avec assignation en l'Amirauté de Brest, *pour procéder sur icelle.*

Celui-ci s'est présenté par le ministere du sieur Brillon, son fondé de procuration; (*a*) & dès le premier Octobre il a donné sa Requête par laquelle il a expressément conclu à ce qu'il lui fût donné acte de sa déclaration de défendre, *au lieu & place* dudit Bourdon, *ci-devant* Agent & Commissionnaire du sieur Péan, aux demandes & assignations desdits Pizivin & Gaultier, & ordonné que ledit Bourdon *resteroit en Post* (*b*) jusqu'à vidange des contestations avec ceux-ci: en conséquence lesdits Pizivin & Gaultier *tenus d'entrer en aveu ou contestation de faits ci-articulés,* & notamment, s'il n'est pas vrai que dans la nuit du 15 au 19 Avril, où ils

---

(*a*) En Bretagne on est admis à plaider par un fondé de pouvoir.
(*b*) Cette expression, suivant les Usages de Bretagne, répond à peu près à cette autre connue dans nos Tribunaux: *rester en cause.*

échouerent

échouerent le Navire à l'Anse de *Beuzec*, ils *abandonnerent le Navire & descendirent à terre avec leurs hardes, suivis de l'Equipage*, & des Officiers & Passagers, & qu'il ne resta à bord *que le Maître de l'Equipage avec deux hommes* (*a*), pour en cas d'aveu de leur part, *ou de la preuve qu'offroit d'en faire le sieur Péan*, être statué définitivement.

Cette demande étoit aussi régulière & aussi raisonnable que les prétentions des deux Capitaines devoient paroître insoutenables. Qui pourroit se persuader que celles-ci aient été accueillies dans leur entier par un jugement précipité, mais totalement modelé sur elles. C'est cependant ce qui est arrivé par la Sentence de l'Amirauté de Brest, du 8 du même mois d'Octobre.

Sans s'arrêter aux faits articulés par le sieur Péan, & dont on ne pouvoit se dispenser d'ordonner *la preuve suivant l'Ordonnance*; sans statuer *sur sa prise de fait & cause ;* sans même en faire mention, cette étonnante Sentence, condamne Bourdon *directement* en toutes les demandes formées par Pizivin & Gaultier, à l'exception des seules 60000 livres de dommages & intérêts. Et par une disposition subséquente, *faisant droit sur la Requête dudit Bourdon, du* 24 *Septembre*, elle condamne le sieur Péan *à l'acquitter, garantir & indemniser des condamnations vers*

___

(*a*) Suivant le rapport des Pilotes-Cotiers de Douarnenez, ils ne trouverent à bord , *que deux hommes seulement.*

B

lui ci-devant énoncées, au profit defdits Pizivin & Gaultier, *en principaux intérêts & frais, même en fes dépens perfonnels.*

C'eft ainfi que ce Commiffionnaire infidele a trouvé le fecret, en moins de 15 jours, de faire tomber fur le fieur Péan les coups les plus funeftes, qu'il préparoit & qu'il dirigeoit lui-même. La collufion qui regnoit à cet égard entre lui & les deux Capitaines, eft encore plus fenfible dans ce qui refte à expofer.

En même-tems que le fieur Péan a interjetté, au Parlement de Bretagne, appel de cette Sentence; Bourdon l'a auffi interjetté de fon côté : mais il a fait conftamment *défaut* pendant tout le cours de l'Inftance, afin de forcer, en quelque façon, le Juge d'appel, à confirmer ce jugement, dont il favoit que le fieur Péan devoit feul fupporter tout le poids.

Cependant Pizivin & Gaultier faifoient encore en l'Amirauté de Breft, une procédure fimulée avec Bourdon, touchant la répétition *de leurs hardes & effets*, quoiqu'ils euffent été fommés juridiquement de les reprendre, *en payant les avaries*, & quoique le fieur Péan, après en avoir fait dreffer d'autorité de Juftice un Procès-verbal, les eut fait tranfporter *au (-reffe*, où elles font en dépôt. Le réfultat de cette procédure a été de fe munir de trois nouvelles Sentences, à l'aide defquelles ils fe promettoient de confommer en frais toute la Cargaison, ainsi qu'ils s'en étoient vantés publiquement (a).

En effet, après avoir présenté caution pour l'execution provisoire, ils ont fait procéder à la saisie du Navire.

Pour faire cesser ces poursuites vexatoires, le sieur Péan a interjetté appel de toute cette nouvelle procédure : mais dans le tems qu'il devoit le plus se flatter d'en obtenir la réformation, ainsi que celle de la précédente Sentence, dont on a rapporté les étonnantes dispositions, il est intervenu, le 13 Mars 1761, Arrêt qui les a pleinement confirmées.

Par cet Arrêt, 1°. *il est donné défaut* contre Bourdon, & pour le profit d'icelui, *faisant droit sur son appel* de ladite Sentence du 8 Octobre 1760 : 2°. en faisant pareillement droit *dans les appellations du sieur Péan*, tant principal qu'en adhérant, tant de ladite Sentence, que de celles des 5, 14 & 14 Novembre de la même année, lesdites appellations sont mises au néant; & il est ordonné, *que ce dont a été appellé, sortira son plein & entier effet;* les Appellans condamnés en amende, le sieur Péan aux dépens *des causes d'appel & incidente*, Bourdon *en ceux du défaut.*

Cet Arrêt est tel qu'il paroîtroit devoir suffire de l'exposer aux yeux du Conseil, pour en obte-

___
(*a*) Dans une Lettre du 11 Août 1760, qui étoit produite dans l'instance, Bourdon osoit écrire à Brisson, qu'il voudroit *qu'on pût manger* l'Union & la Cargaison, *à la réserve de son intérêt.*

B ij

nir la réformation : aussi opposé aux regles de la Justice, & aux usages du Commerce, qui, en cette matiere, ont force de loi, que contraire aux Ordonnances, il semble qu'il ait accumulé toutes les contraventions possibles dans l'un & dans l'autre genre.

Pour éviter la confusion qui résulteroit nécessairement de la multitude de ces contraventions, si elles étoient présentées séparément, on les rangera sous trois propositions ou points de vue, qui formeront autant de moyens auxquels on appliquera les articles de l'Ordonnance qui y ont rapport.

Le sieur Péan a pu congédier l'Equipage *de l'Union* à un double titre, & *comme Propriétaire*, & à cause de l'état où il se trouvoit. Il ne devoit donc aucun dédommagement à qui que ce soit, pour l'avoir fait. L'Equipage a reçu son congé & son paiement *sans protestation*; & par conséquent il n'étoit plus recevable, *six semaines après*, à prétendre un dédommagement. Les deux Capitaines ont commis des délits graves, & tels, que, non-seulement ils en étoient eux-mêmes responsables envers le sieur Péan ; mais ils étoient encore exposés à des peines rigoureuses. Donc ils ne devoient pas avoir la récompense que n'auroit jamais pû obtenir le Capitaine qui auroit fait le voyage le plus heureux.

A ces trois moyens l'on joindra celui qui résulte de la violation des regles de la Justice, & des usages généraux du commerce maritime.

PREMIER MOYEN.

Le sieur Péan est constamment seul & unique Propriétaire du Navire l'*Union*; sa propriété ne peut être contestée.

L'art. prem. du tit. des *Propriétaires* de l'Ordonnance de 1681, en permettant *à toutes personnes de quelque qualité & condition qu'elles soient*, de faire le commerce maritime *par des personnes interposées*, n'a point changé cet ordre de propriété, & n'a point privé ceux qui en sont revêtus, des droits qui en résultent.

Il les a donc toujours conservés, & dans le droit, & dans le fait, puisque c'est lui seul qui a dirigé les opérations de l'armement & du désarmement, qui a disposé de tout. On peut même dire qu'ils ont été reconnus dans tous les tems par toutes les Parties intéressées, & notament par les deux Capitaines.

Sans parler de la reconnoissance formelle qui leur est échappée, qu'ils avoient été congédiés, *en vertu d'une lettre du sieur Péan*, la remise des clefs au sieur Brisson, les rôles de désarmemens des Navires l'Aigle & la Providence, dans lesquels le sieur Péan avoit paru en nom, le paiement par lui fait de 6 deniers affectés aux Invalides; enfin la Sentence par lui obtenue le 18 février 1761, contre ces mêmes Capitaines & autres, *en paiement d'avaries*, tout l'annonçoit & l'a toujours fait connoître comme propriétaire.

Or l'Article 4 du même titre de l'Ordonnance, laisse au Propriétaire la liberté indéfinie *de congédier le Maître, en le remboursant de la part qu'il peut avoir au Vaisseau.*

Il n'est rien de si raisonnable en effet, que de laisser à un Propriétaire la permission absolue de choisir, ou de révoquer à son gré celui qui doit être le dépositaire de sa fortune ; la confiance, qui doit être pleine & entiere en pareil cas, ne souffre point de contrainte, & l'usage du commerce est généralement conforme à cette disposition.

Le seul cas où elle pourroit souffrir quelque exception, seroit la rupture d'un voyage arrêté, qui arriveroit par la faute du Propriétaire. Toutes les fois qu'il est traversé par la force majeure, avant *ou après* le départ du Navire, il n'est dû ni loyer, ni dédommagement encore moins.

C'est la disposition textuelle de l'art. 7. du titre *de l'engagement & loyer* de l'équipage, & qui comprend tant les Officiers que les Matelots. (*a*)

» Et quant aux Matelots *& autres gens d'équipage,*
» ils ne pourront prétendre journées, *ni dédoma-*
» *gement* en cas que le voyage soit *rompu*, retardé,
» ou prolongé *par force majeure,* soit avant *ou depuis*
» le départ du vaisseau. Et il ne met ces événemens sur le compte du Propriétaire, qu'autant qu'ils seroient arrivés *par son propre fait.*

___

(*a*) C'est ce qui est encore confirmé par l'art. 21 du même titre, qui applique *aux Officiers & autres Gens de l'équipage*, ce qui est décidé par rapport aux Matelots.

En rapprochant cet article de celui que l'on a cité ci-deſſus, il eſt évident que la permiſſion accordée à celui-ci, *de congédier* le Capitaine, ne doit jamais être ni bornée ni reſtrainte, lorſqu'il y a un motif légitime, & qu'en prononçant contr'eux la peine *du dédomagement* dans ce dernier cas, c'eſt contrevenir à l'eſprit & à la lettre de l'Ordonnance.

Il reſte donc à examiner s'il y avoit réellement un motif ſemblable ; mais il faut voir auparavant, ſi les adverſaires étoient en droit de l'oppoſer. C'eſt l'objet des deux moyens ſubſéquens.

SECOND MOYEN.

Suivant l'art. 5 du tit. *des Preſcriptions*, le Marchand n'eſt recevable à former aucune demande contre le Capitaine pour dommage arrivé à ſa marchandiſe, après l'avoir reçue *ſans proteſtation*, ni le Capitaine à intenter aucune action *pour avaries* contre le Marchand, *après qu'il aura reçu ſon fret, ſans avoir proteſté ſa part*. Et l'art. 6. ajoute que *les proteſtations* n'auront aucun effet, *ſi dans le mois, elles ne ſont ſuivies d'une demande en Juſtice*.

L'Arrêt dont on ſe plaint, a ouvertement contrevenu à ces diſpoſitions. Non ſeulement les ſieurs Pizivin & Gaultier avoient reçu leur paiement, *ſans aucune proteſtation*, mais ils ont formé leur demande *ſix ſemaines* après la conſommation de cette opération. Enforte que quand ils auroient fait une proteftation en régle, elle n'auroit pû leur être utile, faute de s'en être fervis *dans le mois :* double contravention que rien ne peut couvrir, furtout dans une efpéce encore moins favorable que celle d'une répétition *d'avaries*, qui font une vraie perte, puifqu'il s'agit d'une demande en prétendus *profits* d'une chofe qui n'avoit point d'exiftence.

Il n'eft rien de fi facré en général, rien que l'on doive moins enfreindre que les prefcriptions, en quelque genre que ce foit, parcequ'elles tendent à opérer la fécurité des contractans & le repos des familles. Elles couvrent d'un voile impénétrable, tout ce qui les a précédées; enforte que cela eft regardé *comme non avenu*.

La Loi ne permet pas de déchirer ce voile, pour découvrir ce qu'elle a voulu mettre dans l'oubli. Ce feroit faire revivre en quelque façon une chofe qui n'exifte plus, & ufer d'une action totalement éteinte.

Car il ne faut pas s'y tromper, ces deux Capitaines n'avoient pas même d'action contre le fieur Péan, pour la répétition de leurs prétendus dommages, *après un laps de fix femaines* & après *un défaut abfolu de proteftation* de leur part.

Eh! quels étoient ces dommages dont ils faifoient revivre la demande, & qu'on leur a adjugé contre la volonté de la Loi? Les loyers de tout le tems que le Navire avoit été en radoub, ou retenu dans la rade de Breft: les profits *qu'ils n'auroient pas gagnés* dans le voyage le plus heureux: *les Prifes* qu'ils
auroient

auroient faites fur l'Ennemi qui interceptoit tous les Paſſages, & dont ils avoient couru le riſque de devenir la victime. On oſe le dire, il eſt à peine croyable que de pareilles chimeres aient été adoptées par l'Arrêt du 13 Mars, tandis que la Loi ne permettoit pas même de former les demandes les plus légitimes, après en avoir laiſſé fermer la voie par la preſcription.

Que dire, lorſqu'on aura vû que le déſarmement & le congé de l'Equipage étoient devenus d'une néceſſité indiſpenſable ?

TROISIEME MOYEN.

Sans parler de l'état du Navire, après un échouement qui avoit été précédé de la perte de toutes ſes voiles, & de tous ſes mâts, & de la préſence de l'ennemi qui fermoit tous les Paſſages; la conduite odieuſe & criminelle des ſieurs Pizivin & Gaultier, ne fourniſſoit-elle pas un motif ſuffiſant de deſtitution contr'eux ?

Loin de leur laiſſer un Commandement dont ils s'étoient rendus indignes par leur prévarication, le ſieur Péan auroit dû, ſi un ſentiment d'humanité ne l'avoit retenu, les pourſuivre pour les faire punir avec ſévérité. Mais au moins, puiſqu'il avoit uſé d'indulgence envers eux, ne devoit-on pas le condamner encore à récompenſer leur crime.

Il faudroit parcourir le titre entier de l'Ordonnance qui traite *des Capitaines*, pour voir à quel point l'Arrêt, dont eſt queſtion, en a violé toutes les diſpoſitions.

On paſſe rapidement ſur les contraventions légéres, telles que celles qui dérivent de l'art. 9. ſuivant lequel les Capitaines congédiés dès le 11 Août & qui n'ont remis que le 11 Septembre les clefs (*a*) du Navire, étoient eux-mêmes tenus de retirer les marchandiſes du bâtiment, & d'en rendre compte ; de l'art. 10. qui leur impoſoit de tenir un Regiſtre ou Livre Journal, & qu'ils n'ont point exécuté ; de l'art. 28. qui leur défendoit de charger dans le Navire des marchandiſes *ſéparées*, dont le concours peut cauſer une perte réelle au Propriétaire, en nuiſant à la vente de la cargaiſon, & contre la volonté duquel on leur a adjugé un prétendu *profit ceſſant* de ces marchandiſes prohibées, ſur le pied de 200 & plus pour cent : & l'on s'arrête à de nouvelles contraventions bien plus importantes.

L'art. 26 »fait défenſes à tous Capitaines d'a-
» bandonner leur bâtiment, pendant le voyage,
» *pour quelque danger que ce ſoit*, ſans l'avis *des prin-*
» *cipaux Officiers & Matelots ;* & en ce cas ils ſont
» tenus de ſauver avec eux *l'argent & les effets les*
plus précieux. L'Ordonnance prononce contre les

(*a*) Dès le moment que ces clefs ont été remiſes au ſieur Briſſon, nouveau fondé du pouvoir du ſieur Péan, il n'a ceſſé de les ſommer de retirer les effets *par eux chargés.* C'eſt ce que l'on voit en particulier par une ſommation qu'il leur a fait faire le 25 Septembre par deux Notaires, & qui eſt produite, par un procès-verbal de deſcente du Juge du 26, & par pluſieurs autres actes.

contrevenans les peines les plus graves, *la punition corporelle*.

Et l'art. 32. leur défend *de vendre, divertir ou receler les victuailles du Vaisseau*, & le 34º. les soumet au contraire *à les remettre entre les mains du Commissionnaire*.

D'un côté l'abandon du Navire fait par Gaultier & Pizivin dans la circonstance où ils se trouvoient, est impardonnable. Si les Anglois en avoient eu connoissance ils auroient pû facilement s'emparer du Vaisseau avec une Chaloupe armée.

De l'autre c'est un fait notoire à Douarnenez que ces deux Capitaines ont non-seulement fait la déprédation des vivres, mais qu'ils ont même dissipé & consommé *une partie des vins de la Cargaison*.

Dans une lettre du 20 Avril, deux jours après la déclaration tardive qu'ils ont faite ensuite du rapport des Pilotes de Douarnenez, Bourdon lui-même a eu l'impudence de leur faire le reproche *de n'avoir pas déclaré avoir jetté plusieurs barriques de vin à la mer*, pour s'alléger, *à cause*, ajoute-t'il, *de ce que vous savez*.

C'est encore un cas où l'Ordonnance prononçoit la punition corporelle contre ces Capitaines infideles, & l'Arrêt les récompense. Peut-on voir un contraste plus frappant? & si l'on en n'avoit la preuve écrite, se persuaderoit-on que cette récompense ait été portée à des dédommagemens aussi excessifs?

C'est de ce fait aussi incroyable que contraire aux regles de la Justice, que naît le dernier moyen que le sieur Péan ait à opposer contre cet Arrêt.

QUATRIEME MOYEN.

Pour faire sentir toute la force de ce moyen, il suffit de retracer les faits que l'on vient d'exposer, & de les mettre en opposition avec les regles de la Justice & avec celles du commerce.

Quoi, tandis qu'un Propriétaire a la liberté de choisir le dépositaire de son bien, & de congédier celui qui s'est rendu indigne de sa confiance, on sévit contre celui qui a destitué des Officiers prévaricateurs, dont le crime auroit été puni, s'il avoit eu le courage de s'en plaindre !

Tandis que la seule raison exclud de toute idée de recours, celui qui a pleinement consommé un acte sans réclamation, on donne une action à ces Officiers à qui elle auroit été interdite par la prescription, quand même ils se la fussent réservée dans l'origine.

Tandis qu'on les a perpétuellement & juridiquement sommés de reprendre leurs effets, qui d'ailleurs étoient à leur charge, on les admet à une réclamation inutile & frustratoire, dont l'objet étoit de servir le ressentiment de Bourdon, & de prononcer des condamnations gratuites contre le sieur Péan.

En un mot, on condamne celui-ci à leur payer le fruit de leurs délits, *& les profits cessans* de marchandises qu'ils n'avoient pas droit d'embarquer, & les prétendues parts de prises d'un petit Navire Marchand, armé simplement pour sa défense, & qui auroit été trop heureux de se sauver.

C'est en quelque façon un avantage pour le sieur Péan, d'avoir été soumis à des condamnations aussi rigoureuses, aussi peu fondées, qu'il soit permis de le dire, aussi déraisonnables, puique cela fait mieux connoître la nécessité de réformer promptement un Arrêt aussi contraire à l'équité.

On peut en donner encore une preuve dans la disposition de ce même Arrêt, qui en confirmant les Sentences postérieures de l'Amirauté de Brest, a condamné le sieur Péan à rendre & restituer aux Capitaines, *des hardes & effets* qui étoient déposés au Greffe depuis longtems.

Il y a en effet cela de singulier dans cet Arrêt, que chacune de ses contraventions offense en même-tems la justice & la Loi, tant il est vrai que l'on ne peut s'écarter des regles immuables de la Loi, sans contrevenir à celles de la justice sur lesquelles elle est fondée.

Ces irrégularités ont eu leur source dans la collusion qui a regné entre Bourdon & les Adversaires, & dont on a donné tant de preuves.

Mais on y trouve en même-tems une nouvelle contravention à l'art. 233 de la Cout. de Bretagne, à l'art. 10 du tit. de l'Ordonnance de 1667, & à l'Ordonnance d'Henri III, de 1585, *concernant les Garans;* suivant lesquelles le garanti doit être mis hors de Cause, *après la prise de fait & cause* de la part du Garant; *sauf au premier, si bon lui semble,* ajoute cette derniere Ordonnance, *à demeurer en Cause, pour obvier à collusion.* C'est-à-dire, que le Garant doit devenir la Partie principale, & le Garanti doit en quelque façon demeurer simple spectateur, pour voir si ses droits ne sont pas lésés. Mais non, il falloit pour remplir le vœu des intrigans adversaires du sieur Péan, que les demandes fussent dirigées contre Bourdon qui n'auroit eu aucun pouvoir personnel de congédier, s'il n'y eût été autorisé par les ordres du sieur Péan, & que l'on méconnût perpétuellement celui-ci, qui avoit eu tant & de si fortes raisons de donner ce congé.

Cependant le sieur Péan avoit expressément conclu, suivant les vœux de l'Ordonnance qui devoit servir de regle, en demandant que Bourdon restât *en Post,* suivant la coutume, c'est-à-dire, *en Cause comme simple spectateur.* On a renversé tout cet ordre de procédure, & l'on a persisté à procéder uniquement contre ce particulier ; & de-là, sont venues toutes les irrégularités qui se sont accumulées contre cet Arrêt.

Tout se réunit donc contre lui, les contraventions aux Loix, aux regles de la Justice, aux usages du Commerce, jointes à une oppression telle que le sieur Péan s'en trouveroit la victime, s'il n'avoit un recours assuré dans la Justice Souveraine, & dans l'autorité suprême du Conseil.

BUREAU DES CASSATIONS.

Monsieur DE FARGE'S *Maître des Requêtes, Rapporteur.*

Me HUART DU PARC, Avocat.

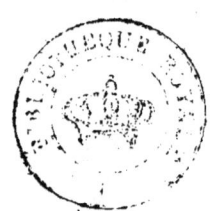

www.ingramcontent.com/pod-product-compliance
Lightning Source LLC
Chambersburg PA
CBHW070544080426
42453CB00029B/1938